了不起的中国制造

桥梁
QIAOLIANG

船舶
CHUANBO

刘芳芳　王唯一　苏小爪 ◎主编

吉林科学技术出版社

图书在版编目（CIP）数据

桥梁　船舶 / 刘芳芳，王唯一，苏小爪主编 . -- 长春 : 吉林科学技术出版社，2024.6
（了不起的中国制造 / 刘芳芳主编）
ISBN 978-7-5744-1083-1

Ⅰ . ①桥… Ⅱ . ①刘… ②王… ③苏… Ⅲ . ①桥－中国－儿童读物②船舶－中国－儿童读物 Ⅳ . ① U448-49 ② U674-49

中国国家版本馆 CIP 数据核字 (2024) 第 057733 号

了不起的中国制造　桥梁　船舶
LIAOBUQI DE ZHONGGUO ZHIZAO QIAOLIANG CHUANBO

主　　编	刘芳芳　王唯一　苏小爪
出 版 人	宛　霞
策划编辑	宿迪超
责任编辑	徐海韬
封面设计	美印图文
制　　版	睡猫文化
幅面尺寸	226 mm × 240 mm
开　　本	12
印　　张	6.5
页　　数	78
字　　数	57 千
印　　数	1-6000 册
版　　次	2024 年 6 月第 1 版
印　　次	2024 年 6 月第 1 次印刷

出　　版	吉林科学技术出版社
发　　行	吉林科学技术出版社
地　　址	长春市福祉大路 5788 号
邮　　编	130118
发行部电话 / 传真	0431-81629529　81629530　81629531
	81629532　81629533　81629534
储运部电话：0431-86059116	
编辑部电话：0431-81629518	
印　　刷	吉林省吉广国际广告股份有限公司

书　　号	ISBN 978-7-5744-1083-1
定　　价	49.90 元

前言

　　提起影响世界的中国发明，你可能想到了指南针、造纸术、印刷术和火药，对吧？这些发明在古代中国的政治、经济和文化发展中起了巨大作用，而且还传播到了西方，对全世界都产生了深远影响。

　　然而，这些发明只是冰山一角，我国古人的智慧远不止于此。《了不起的中国制造》系列图书将带你探索更多更有趣的中国古代发明。五本书共介绍了青铜器、陶瓷、丝绸、茶叶、农具、兵器、船舶、桥梁、乐器和笔墨纸砚。每本书都以生动有趣的方式展示了发明的过程和发展进程，以及它们在中国历史上的重要地位和对全球文明进程的影响。

　　这些发明展现了古代中国人的智慧和勇气，他们通过改变生活方式和影响世界，给现代人留下了深刻的印记。跟随书中的讲解和有趣的画面，你会被古代科技的艺术魅力所吸引，仿佛穿越时空，亲身体验古人是如何改变生活的。

发明创造从来都不是易事。这些发明不仅是技术和艺术的结晶，更是古代智慧的瑰宝。通过了解这些发明，不仅能够提升自己的创造力和解决问题的能力，还能深入了解了不起的中国创造。

让我们一起踏上探索中国古代非凡创造的旅程吧！

让我们一起学

桥梁

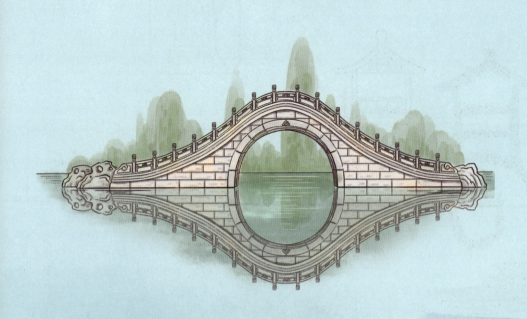

探索桥梁之旅

在中国广东珠江口外波澜壮阔的伶仃洋海域，有一条横跨伶仃洋的"巨龙"，即港珠澳大桥，它被称为"桥梁界的珠穆朗玛峰"。这座全长55千米的世界第一跨海大桥，将香港、澳门、广东珠海三座城市连为一体。

从简陋、狭窄的独木桥，到如今的跨海大桥，中国的桥梁建造技术在过去数千年间是如何发展起来的？

一座座造型各异的桥上，都有哪些发明与创造？动动小手，我们也能造出属于自己的桥吗？让我们一起开启对中国桥的探索之旅吧！

以下是我们古人写的"桥"字：

桥头有树

桥上有亭

桥下有船

桥是拱形

过去，桥就是帮助我们跨越河流的一道弯弯的梁，梁上不但要过人、马、车、轿，还可以建造凉亭。那么，桥都有哪些分类呢？一座座桥里又藏着怎样的智慧呢？

常见的桥梁

梁桥：通常由多个梁和桥墩组成，梁可以横跨在桥墩之上，支撑人们行走。

优势：自重较小，施工方便，易于检查和维护；负荷能力强，可以承受大型交通工具的荷载。

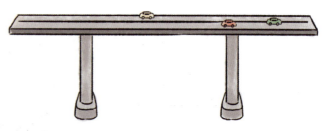

拱桥：由一个或多个拱形结构组成。

优势：拱可以分散桥墩的力量，使桥更加坚固；拱桥拥有美妙的曲线，经常被当作人们的拍照背景。

悬索桥：由主缆、桥塔、吊索等组成。主缆通常是悬挂在两座山峰或者高塔之间的。

　　优势：它可以跨越较大的距离，像湖泊、河流、深谷等地形，它都能轻松跨过；当它悬挂高空的时候，给人感觉像是在云端漫步，因此很受冒险爱好者的欢迎。

　　斜拉桥：它也能跨越河流、湖泊和海湾。但它和悬索桥最大的不同是它的斜拉索直接承载了主梁的重量。

　　优势：它的桥塔多为混凝土塔或高大的钢构桥塔，这样斜拉索直接拉在桥塔上，施工周期短，安装简便，从而降低了施工成本；另外，它还具有很好的承重性能和地震抗力。

连一连：左右两边哪些是同类的桥？

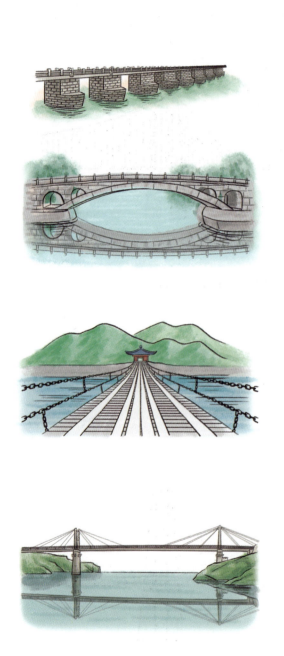

梁桥的发明

一棵大树倒在小河上，就形成了一座桥。

古人从大自然中得到启发，用几根原木搭在小溪两岸，搭建了最简单的"梁桥"。

最早的跨海梁桥——洛阳桥

洛阳桥建于北宋时期，高超的凿石、砌石技术让这座桥得以保存至今。桥长834米，宽7米，桥墩46座，两侧有500个石雕扶栏，28尊石狮，还有七亭九塔。

桥墩

护桥将军

它的名字很有趣，建在福建泉州，却叫"洛阳桥"。

原来是当时战乱，中原百姓迁徙到泉州，因为思念家乡，就在建完此桥后，取名为洛阳桥。

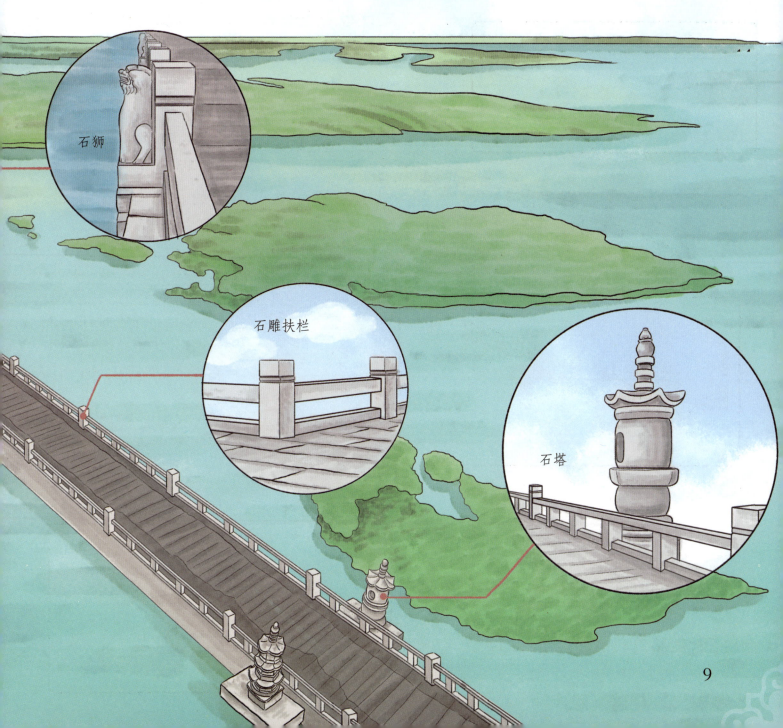

石狮

石雕扶栏

石塔

世界级难度的桥梁——港珠澳大桥

港珠澳大桥融合了梁桥、斜拉桥、海底隧道等多种建造技术。

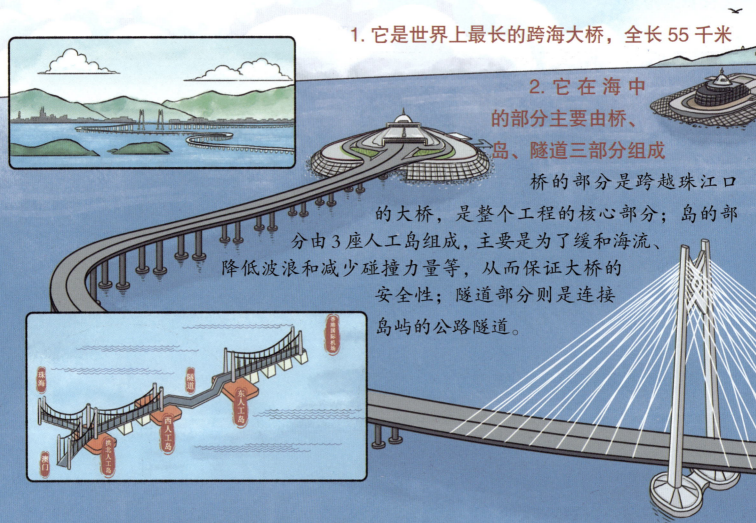

1. 它是世界上最长的跨海大桥，全长 55 千米

2. 它在海中的部分主要由桥、岛、隧道三部分组成

桥的部分是跨越珠江口的大桥，是整个工程的核心部分；岛的部分由 3 座人工岛组成，主要是为了缓和海流、降低波浪和减少碰撞力量等，从而保证大桥的安全性；隧道部分则是连接岛屿的公路隧道。

3. 它的建成使我国成为"沉管隧道"建设大国

沉管隧道技术是一种建设水下隧道的技术。沉管隧道主要由多个长度相同的长方体沉箱组成。

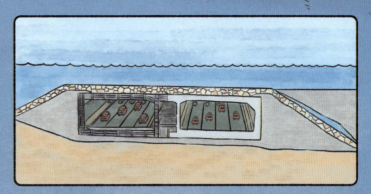

10

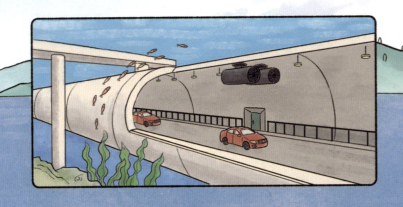

4. 它拥有中国最长的海底隧道，长达 6.7 千米

海底隧道指在海底建造的隧道。海底隧道施工难度大，需要使用先进的技术，如地震勘探技术、液压技术、地质勘查技术等。

5. 它采用了中国首创的深插式钢圆筒快速成岛技术

所谓"深插式钢圆筒快速成岛技术"，即利用大直径钢圆筒在海底进行深插工程，从而快速形成人工岛屿的新型海岛建设技术。

11

快速成岛技术

在这张图上，你能一眼就发现港珠澳大桥的中间部分是"消失"的！这是为什么呢？

原来，这是为了避开机场航道，才有了如此的设计，即让港珠澳大桥入海，使原本应是桥的部分变成了海底隧道。

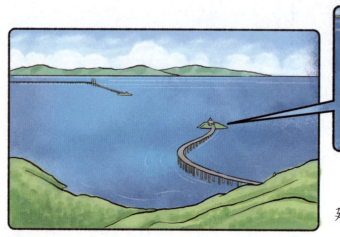

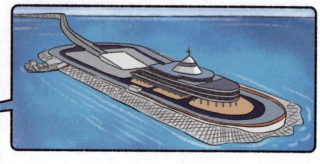

而在桥与隧道的衔接处就需要建一座海上人工岛，用于进出隧道。

人工岛，要怎么建造？

中国工程师首创"深插式钢圆筒快速成岛技术"，将 120 个直径 22 米的钢圆筒插入深海，围成两个约 10 万平方米的人工岛。

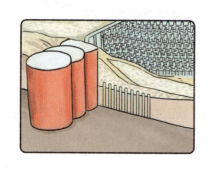

钢圆筒的制造现场

第一步：造岛前要挖清淤泥。
清除海底沉积物和碎屑，可以为施工提供良好的施工条件，确保钢圆筒能顺利、稳定地深入海底，同时能确保钢圆筒有足够的承载力，不会在施工过程中倾斜或沉陷。

第二步：整理基槽。
整齐的基槽，有利于钢圆筒的精确定位、安装和监控。

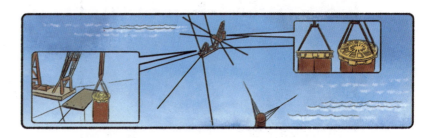

第三步：将钢圆筒插入海中，填入沙石。
填入沙石后的钢圆筒，承载力和稳定性都会得到增强。

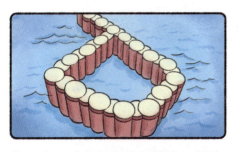

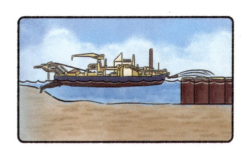

第四步：形成岛屿基本轮廓，就地取材，挖泥填岛。

第五步：填沙完成后，才能进行下一步工作。

第六步：在人工岛上建设道路和房屋。

拱桥的发明与创新

让我们一起来探索最具自然之美的拱桥吧！古人通过学习自然界的溶洞石脊，建造了拱桥。

《断桥残雪图》（局部）清代 董邦达

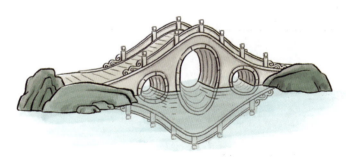

《九成宫图》（局部）清代 袁耀

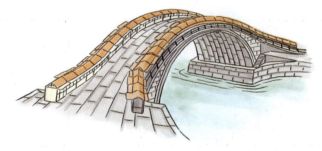

《清明上河图》（局部）明代 仇英

《清明上河图》（局部）
北宋 张择端

体验古人的造桥智慧：9根筷子建造一座木拱桥

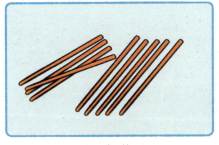

取9根筷子

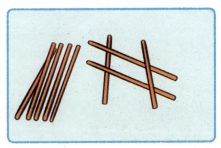

搭成井字

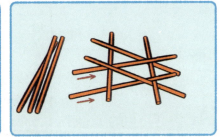

从井字下方，再插入两根筷子

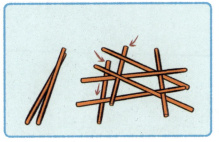

从另一侧底部插入一根筷子

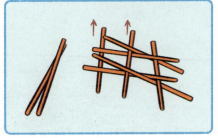

将刚才插入的筷子挑起来

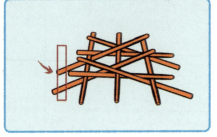

从内部插入最后两根筷子，
即可完成搭建

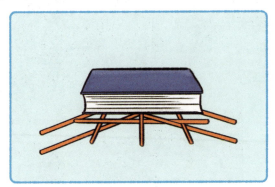

拱桥能承受比自身重很多倍的物体

试一试，看看你的筷子拱桥能够撑起几本书？

北宋木拱桥——汴京虹桥一日游

《清明上河图》中清晰地展现了汴水虹桥的细节，让我们一起来看看这座古桥和古人的生活吧！

① 桥市

宽广的虹桥，人来人往。虹桥两边的小棚子聚集起来就形成了桥市，人们在这里卖着各种商品。

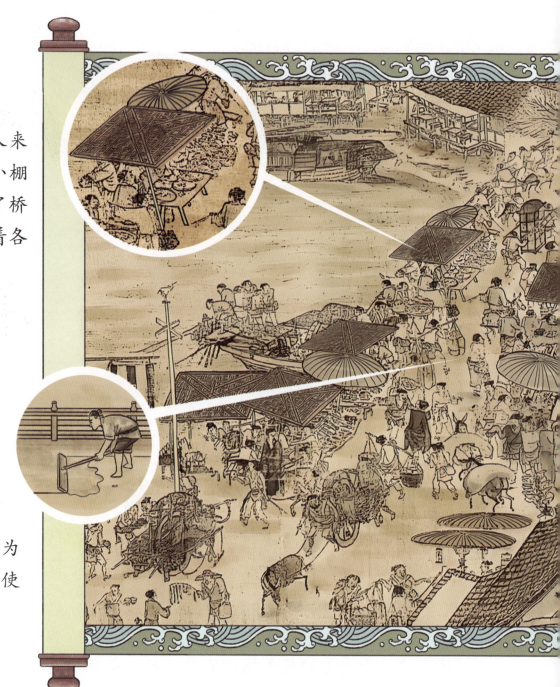

② 桥面

木制的桥面上因为铺设了某种材料，才使桥面显得如此平整。

③栏杆

　　木质的栏杆和现在的桥面栏杆样式一致，我们还能看见桥面的木板。

⑤木拱桥

　　整座桥都是由木材制成的，它们被巧妙地搭成了木拱桥，承载了整座桥梁的重量。

⑥船舶

　　当时的船舶都是带有高大桅杆的风帆船，但为了过桥，这些桅杆被设计成能放倒的形式。

④码头

　　虹桥下有可供人走的步道，同时它是码头，用来停靠往的船只。

⑦汴河

　　又称"汴水""鸿沟"，其水量极为丰沛，穿汴京（今开封市）而过，是汴京的生命之河。

世界上跨度最大的单孔石拱桥——赵州桥

赵州桥由青石堆砌而成，其中拱形结构由 83 块巨石砌成，平均每块石料重达一吨。

这些石块的运输和摆放，在当时完全依靠人工完成，显示出极高的工程技术水平。

有趣的小知识

赵州桥的这几个拱有什么作用呢？

赵州桥创造性的设计是在单拱的两肩上对称地叠置了四个小拱。

这种设计能减轻桥重、提高排水效率、增加桥的美感。

世界首座钢管混凝土结构的拱桥——李家峡水电站黄河公路大桥

李家峡水电站黄河公路大桥，桥长 164.93 米，是钢管混凝土结构的拱桥。

钢管混凝土结构，指的是采用钢管作为拱肋，再在钢管内灌筑混凝土，最大限度地发挥钢管的高强度和混凝土的压缩强度，从而获得更大的承载力和跨度。这种结构形式具有创造性且独具特色。

如何建造钢管混凝土的拱桥？

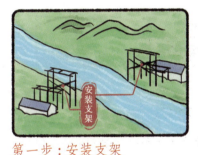

第一步：安装支架

依据桥址地质情况，设计并建造支架，为拱肋施工提供充分的支撑。

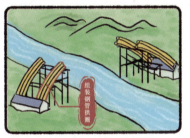

第二步：组装钢管拱圈

利用起重机械将钢管安放至预定位置。

第三步：焊接钢管拱圈

进行焊接或螺栓连接，以保证钢管拱肋的整体性。

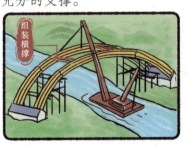

第四步：组装横撑

安装额外的横向支撑结构从而加固钢管拱肋，提升整个桥梁的稳定性。

第五步：浇筑混凝土

运用泵送及顶升技术在钢管内部浇筑混凝土，直到完全充满钢管内部空间。

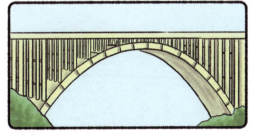

第六步：桥面铺装和附属结构施工

完成拱桥后，涂上防水层，铺装桥面，还需安装护栏、标志和照明等设施。

梁桥和拱桥，谁更强？桥梁里的物理学

为了通过一条河，我要设计一座桥，梁桥和拱桥谁能承载更多的重量呢？让我们动手做个小实验吧！

梁桥与拱桥的承重实验

1. 我们要建造一座拱桥，需要两张卡纸，一张是桥拱，一张是桥面。

2. 先确定两端距离，看看你要过的小河有多宽。

3. 在桥基上用卡纸建一座梁桥，测试它的承重能力。

4. 不断往桥梁上面加硬币，当硬币将桥面压弯、向下塌了1厘米时，即为这座梁桥的最大承重。

5. 数一数，此时梁桥上有多少枚硬币？

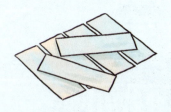
两张长条形的卡纸

两本厚书

1 元硬币 20 枚

　　拱桥的承重能力是不是比梁桥更大呢？和家长讨论一下，这是为什么呢？

　　梁桥上的重物（人、车辆等），直接将力传到桥面。

　　拱桥上的重物，通过桥拱将力传送到两端的桥基上，从而增强了拱桥的承重能力。

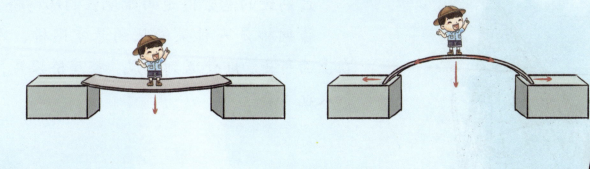

悬索桥的发明与创新

与梁桥、拱桥不同的是拥有柔性桥梁结构的悬索桥。

现存的四川安澜索桥，就是竹制悬索桥，始建于宋代以前。

古人把竹子绞成竹索，牵于两岸，从而制成桥。

最别致的悬索桥是西藏地区的藤网桥。

藤网桥是一种呈管状的悬空网桥，人在上面行走，即使遇到大风，整座桥摇晃，行人也不会落水。

如何建一座悬索桥？

建造悬索桥的过程，有点像在树林里安装一个吊床。

1. 左右两棵树，就是桥塔。

2. 接着安装主桥缆和吊杆。

3. 然后安装桥面。

4. 最后就建成了一座悬索桥。

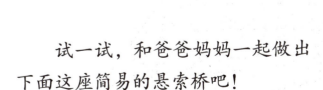

试一试，和爸爸妈妈一起做出下面这座简易的悬索桥吧！

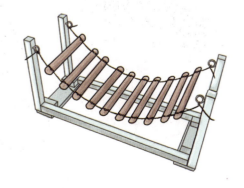

见证英雄的悬索桥—泸定桥

和早期竹制、藤制的悬索桥不同，泸定桥的主桥缆使用的是铁索。

泸定桥全长 103.67 米，宽 3 米，由 13 根铁索、12164 个铁环组成，并且每个铁环上都有印章！

你知道这是为什么吗？

这是每一位铁匠对自己生产的每一个铁环的质量承诺。

世界首座高铁悬索桥——五峰山长江大桥

五峰山长江大桥全长 6409 米，建成时创造了当时三个"世界之最"，即世界上跨度最大、运行速度最快、运行荷载最重。

五峰山长江大桥的主梁总载荷达到了 17 万吨，接近于三艘满载的辽宁舰的重量。

创造 4 个 "世界第一" 的矮寨大桥

矮寨大桥，位于中国湖南省湘西土家族苗族自治州西北部，由主桥、两座桥塔、缆索、锚碇、吊杆、接线隧道组成，桥面距峡谷底部高度为 355 米。它在建成时创下的四项 "世界第一" 包括：1.桥梁跨越峡谷的跨度位列世界第一；2.世

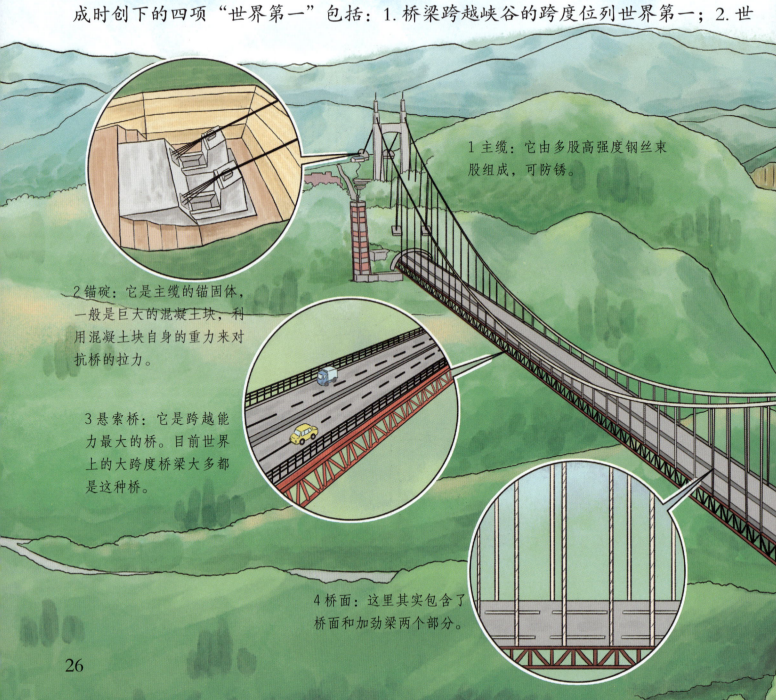

1 主缆：它由多股高强度钢丝束股组成，可防锈。

2 锚碇：它是主缆的锚固体，一般是巨大的混凝土块，利用混凝土块自身的重力来对抗桥的拉力。

3 悬索桥：它是跨越能力最大的桥。目前世界上的大跨度桥梁大多都是这种桥。

4 桥面：这里其实包含了桥面和加劲梁两个部分。

界第一个采用塔、梁完全分离结构设计的大桥；3.世界第一个采用岩锚吊索结构，并用碳纤维替换钢绞线作为吊索的大桥；4.世界第一个采用"轨索滑移法"架梁的大桥。

5吊索：它是连接主缆和桥面的主要结构。

6索塔：它是主要的承重构件。吊索和桥面的拉力都会经过索塔传递到下部的塔墩和基础。

斜拉桥的发明与创新

古人从蜘蛛结网中学会了建造斜拉桥，用绳缆斜向拉住梁，从而建成斜拉桥。

原始的斜拉桥是由藤萝和竹竿建成的。

1993 年，上海建成世界上最大跨径的斜拉桥——全长 8354 米的杨浦大桥。

小知识：分清斜拉桥和悬索桥！

斜拉桥和悬索桥的主要区别在于悬挂桥面的支撑方式不同。

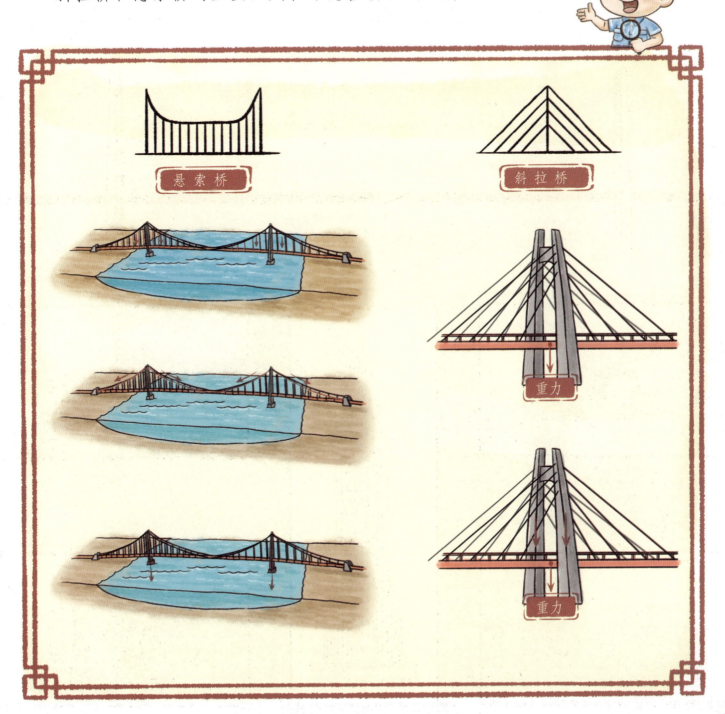

悬索桥

斜拉桥

重力

重力

世界第一高桥——北盘江第一桥

北盘江第一桥全长 1341.4 米，桥面到谷底垂直高度为 565 米，相当于 200 层楼高——它是世界上最高的大桥。

你知道吗？这座大桥下面可以放下一座美国帝国大厦！

桥比楼高出 100 多米

100多米

为什么说北盘江第一桥是创新工程？

建造这座桥梁很难，首先在于设计。由于桥梁位于峡谷顶端，常年承受6级以上大风，因此要具有强大的抗风性能。

其次，桥的施工难度也非常大。桥址山势陡峭，施工面狭窄，且河流通航能力较差，大型设施和材料都很难运到施工现场，需要将其拆解为更小的"积木"之后再拼接起来。但中国的工程师克服了重重困难，成功完成了这项超级工程。

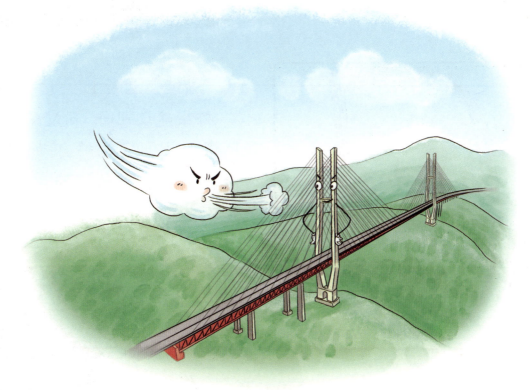

峡谷上的抗风技术

北盘江第一桥建于大峡谷上，六级以上大风经常出现，它如何抵抗这样的大风呢？即采用斜拉桥设计，依靠224根钢索，把力分散到桥塔所在的山体。

云计算"桥梁医生"

桥梁专家在桥上安装了许多传感器，可实时监控大桥的安全。

"智能"混凝土

桥梁建设期间，研发了一种"智能"混凝土，它能够自动流动并均匀地填满模具里的空间，既能保证质量又能节约施工成本。

桥梁界的"诺贝尔奖"

北盘江第一桥荣获第 35 届国际桥梁大会"古斯塔夫斯"金奖及 2019 年度菲迪克特别优秀奖。

我国还建造了哪些不一样的桥？

可以住人的桥——廊桥

廊桥是一种有屋檐的桥，人们可以在上面避雨、休憩、交流、聚会和观赏风景，有的廊桥还有供人暂时居住的房间。

在我国浙江泰顺有各式木拱廊桥 900 多座，其中最具代表性的就是北涧桥，气势宏伟，雕梁画栋，52 米的桥身无一颗钉子。

古代木工不用钉子的秘密——利用了榫卯结构。

常见的榫卯结构有 33 种，它们让廊桥层层叠加，愈加牢固，有着极大的承受力，可以托起千钧之重。

木船上的桥——广济桥

中国四大古桥之一的广济桥，是世界上最早的启闭式桥梁，白天可正常通行，晚上则断成两截，可通行大型船舶。

它全长 518 米，集梁桥、浮桥、拱桥于一体，像一条巨龙横卧在江上。

其中最吸引人的就是中间长 97.3 米的浮桥，由 18 只木船连接而成，走在上面如履平地。

广济桥集合了梁桥、浮桥、拱桥三种中国古代桥梁的建造艺术，这在古代桥梁建造史上是绝无仅有的。

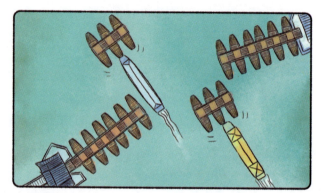

数不清狮子的桥——卢沟桥

有句歇后语：卢沟桥的狮子——数不清。

你知道是为什么吗？

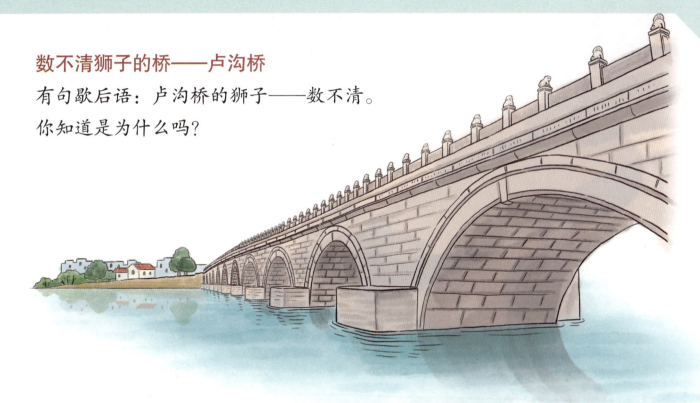

　　卢沟桥上有大大小小几百只石狮子，它们的形态各不相同，是桥梁建筑艺术的巅峰之作。

　　这些狮子有的聚在一起，有的小狮子藏在母狮的身后、怀里、掌中，有的只在祥云中露出半个身子，加上百年风吹日晒、枪林弹雨，渐渐让人难以辨认，所以要想数清狮子的数量，确实不容易。

从古至今，中国一直以出色的梁桥建设和独特的设计风格而闻名。而在现代，中国在桥梁建设方面更是取得了显著的进步，成为全球建桥领域的领军者。

中国的桥梁设计师注重实用性和美观性，他们追求独特的风格和创新的建造方式。他们使用了先进的技术和材料，如高强度钢缆、复合材料和预应力混凝土，以确保桥梁的安全性和耐久性。

温州大桥：全长17.1千米。它采用拱形梁结构，增强了桥梁的抗风能力。

杭州湾跨海大桥：全长36千米，和采用了预应力混凝土梁桥技术，创造了世界上最长跨海大桥的纪录。

中国的桥梁建设又快又好，主要是因为注重技术创新和高效管理。工程师不断尝试新的设计和建造方法，使得桥梁的建设速度加快，同时确保了其质量和安全，不仅完善了中国的交通网络，也给其他国家和地区提供了建设桥梁的经验。

让我们一起学

船舶

甲骨文中的"舟"

小朋友，你读过《西游记》吗？

你知道唐僧师徒是怎么渡过流沙河的吗？是腾云驾雾地飞过去，还是脱衣下水游过去呢？

原来，他们用观音送的葫芦做了一条船，坐船渡过了河。

葫芦怎么可以做船呢？现在，你在大海上看到的船是怎么被发明的呢？

今天，我们就来说说了不起的中国制造——船舶。

古人的"舟"就是我们所说的"船"。

屲 → 屲 → 屲 → 身 → 身 → 月 → 月 → 肖 → 肖 → 舟

商　　商　　西周　春秋　战国　《说文》小篆　汉　　汉　　魏　　楷书

这是甲骨文中"舟"字，它像一只弯弯的小船，船上还有横木，十分形象。
而汉字中有"舟"旁的字，大多与船有关。

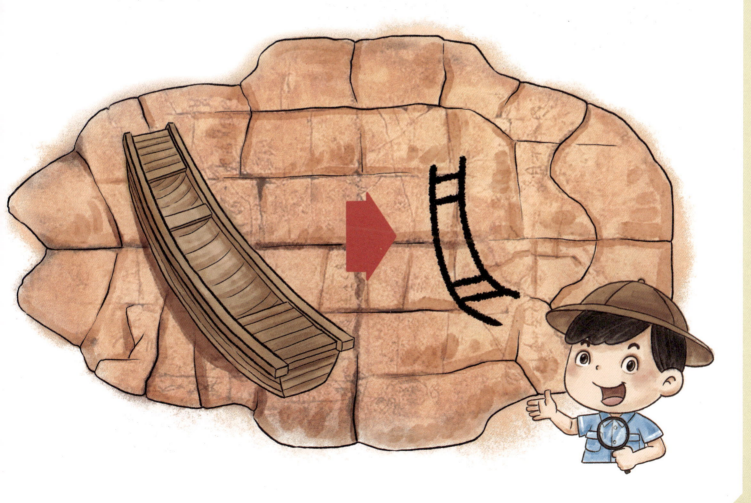

39

古人为什么要发明船?

为了获取食物、运输物资,生活在河流、湖泊和海洋附近的古人发明了船这种能浮在水面上的工具。

一、渡河

用葫芦制作的腰舟

用牲畜的外皮制成的皮囊

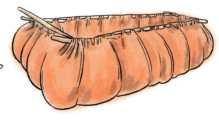

用牲畜的外皮制成的皮船

二、捕鱼

三、运货

货船上运的是什么呢？泉州湾出土的宋代木造航海货船的船舱中存有大量香料、药物。

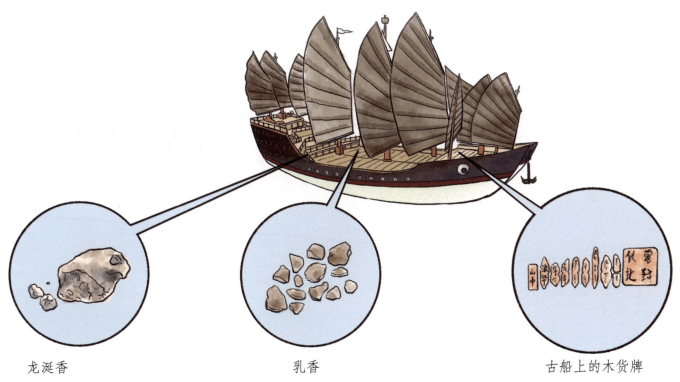

龙涎香

乳香

古船上的木货牌

四、生活

我国有一批很早以前就生活在船上的人——疍家人，他们靠船为生、以船为家。

找一找你认识的船！

下面这些形态各异的船，你能叫出它们的名字吗？

独木舟

邮轮

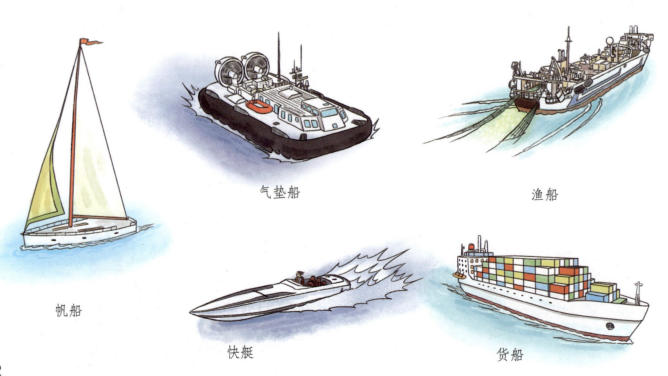

帆船

气垫船

渔船

快艇

货船

科学小知识：轮船为什么能够浮在水面上？

我们来做一个小实验：

①拿2个空的矿泉水瓶。

②把一个瓶子里的水全倒出来，然后拧紧盖子，把空瓶放进水盆里。你会发现，它可以漂在水面上。

③把另一个瓶子装满水，然后拧紧盖子，把它放进水盆里。你会发现，它会沉下去。

原来，当一个物体排出的水越多时，它受到的浮力就会越大。

当物体在水里时，水会对它产生一个向上的力，这个力就叫浮力。

如果物体的重力和浮力相等，那么它就会浮在水面上；如果物体的重力比浮力大，那么它就会沉进水里。

F 浮力

G 船的重力

现在，我们把空的矿泉水瓶想象成一艘船，我们不断往瓶子里加水，这艘"船"会越来越重，等到它的重力超过了水给它的浮力，它就会沉下去了。

所以，我们看到的海面上的轮船虽然是用钢铁打造的，但是它们的内部其实是空心的。而水给它的浮力，足够支撑它浮在水面上。

中国造船简史

先秦时代 刳木为舟

秦汉时期 能造楼船

三国时期 吴国能造五层的船

东汉时期 拥有各种战舰

44

祖冲之能造「千里船」，日行千里

魏晋南北朝

能造车船

唐宋时期

能造福船

元明时期

自行设计的第一艘蒸汽机明轮船「黄鹄」号

清朝时期

造出中国第一艘核潜艇，即「长征1号」核潜艇

新中国

45

船舶动力进化史：如何让船动起来？

小朋友，你知道用什么动力能让船动起来吗？

漂流

人坐在船里，靠水流提供动力。

人力

人通过船桨划水，提供动力。

畜力

通过马、牛的行走提供动力，从而转动水轮，使船前进。

风力

通过风帆，获得风力。

蒸汽轮机动力

通过蒸汽机提供动力。

内燃机动力

通过内燃机提供动力。

混合动力

燃油和天然气提供双燃料动力。

核动力

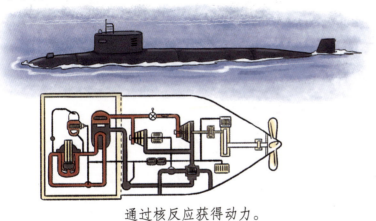

通过核反应获得动力。

燃油和太阳能提供动力。

47

中国船舶里的八个"第一名"

1 号选手

世界上最早出现的独木舟——华夏第一舟。可见，8000 年前我们就开始造船了。

2 号选手

世界上年代最早、船体最大、保存最完整的远洋贸易商船——南海一号。

可见当时我们物资丰富，商品多样，并开展了海上贸易。

3 号选手

拥有古代先进工业水平的大宝船——郑和宝船。

可见当时远洋舰队气势磅礴，展现了大国雄风。

4 号选手

中国第一艘蒸汽机明轮船"黄鹄"号。

它踏踏实实，奋起直追，是当时民族科技水平的代表。

5号选手

我国第一艘自行建造的远洋货轮"跃进"号。它象征着自强不息、继往开来，又是新篇章。

6号选手

我国第一艘自主建造的极地科学考察破冰船——"雪龙2"号极地考察船。

它攻坚克难，破冰前行，可见雪龙必然腾飞！

7号选手

我国第一艘自主经营和管理的豪华邮轮"中华泰山"号。

可见国家兴盛，生活品质提升，大船上有大视野。

8号选手

我国自行研制建造的第一艘核潜艇——长征1号核潜艇。

"繁荣昌盛，实力保障，保家卫国必定有我！"

探秘我国第一艘独木舟

杭州市萧山跨湖桥遗址博物馆里藏着"华夏第一舟"，它有 8000 多年的历史了。

"大家好，我是'华夏第一舟'，虽然我只是一条独木舟，但在 8000 多年前，人类想要制造出我，可一点都不容易！"

考古学家在这条独木舟上发现了多处黑焦面，这是古人借助火焦法挖凿船体的证据。

古人造船的现场

　　在高度现代化的今天，独木舟也并未完全退出历史舞台，它以其制作简单、体积小、灵活和取材方便等优势，继续应用在一些江河湖泊上。

世界上第一支远洋运输船队——郑和船队

明朝时期出现了世界上第一支远洋运输船队——郑和船队。它的规模之大，人数之多，远航范围之广，是前所未有的。

郑和为什么要下西洋？

《明史·郑和传》中用一句"欲耀兵异域，示中国富强"说明了原因，意思就是彰显国力，维护和平。而这支彰显国力的船队到底有多庞大呢？

船队中的船舶大致可分为六种

1. 宝船：也叫"帅船"，长达 44 丈（约 147 米），宽达 18 丈（约 60 米），9 桅、12 帆，桅杆高耸入云。

它是船队中最大的、最重要的船舶，相当于当今的旗舰或主力舰，为领导成员和外国使者所乘坐。该船上面是四层结构的宫廷式建筑，精美且豪华，因此它又被喻为"海上城堡"。

2. 马船：又称"马快船"，它有 8 桅，长 37 丈（约 123 米），宽 15 丈（约 50 米），主要用于运送战马、武器装备及其他军需和生活用品。其中武器装备中有一定数量的火炮、火铳，可用于作战。

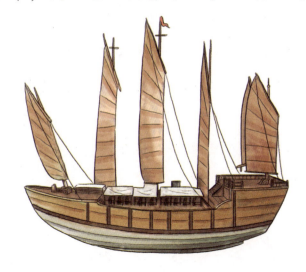

3. 粮船：它有 7 桅，长 28 丈（约 93 米），宽 12 丈（约 40 米），载重约为 1200 吨。它主要用于运输船队所需粮食和后勤供应物品，使船队沿途能得到充分的物资补给。

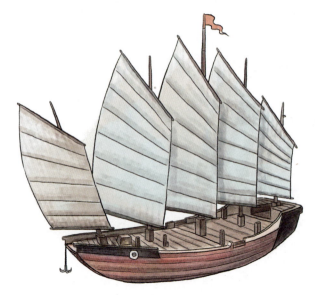

4. 座船：全称"战座船"，共有 6 桅，长 24 丈（约 80 米），宽 9 丈 4 尺（约 31 米），配有火器、火铳、喷筒等武器，是船队中的大型护航主力战船，为军事指挥人员及其幕僚所乘坐。另外，它也可作为分遣护航舰队中的指挥船。

5. 战船：它的船型比座船小，为专人护航和作战所用。它有 5 桅，长 18 丈（约 60 米），宽 6 丈 8 尺（约 23 米），虽吨位小，但机动灵活，并配有火器、火铳、喷筒等武器，主要用于水面机动作战，保障整个船队的航行安全。

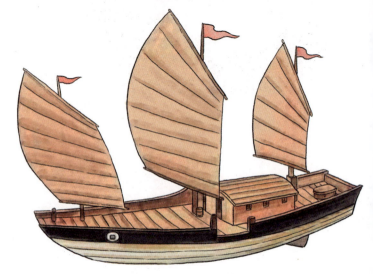

6. 水船：它是用来贮藏、运载淡水的辅助船。郑和船队有 27 000 人，以人均每天需要 2 千克淡水来计算，至少要配备 20 艘水船。

英国学者李约瑟对郑和船队曾有如下评价："明代海军在历史上可能比任何亚洲国家都出色，甚至同时代的任何欧洲国家，以致所有欧洲国家联合起来，可以说都无法与明代海军匹敌。"

古代的高科技海船——郑和宝船里藏着什么？

据记载，郑和宝船中最大的有 138 米长。今天就让我们一起探秘这艘拥有最多古代先进工艺的宝船。

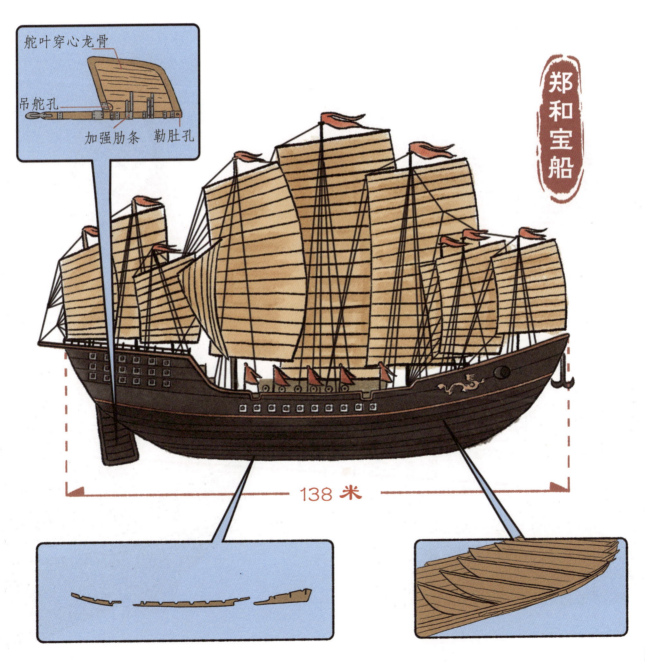

舵叶穿心龙骨

吊舵孔

加强肋条　勒肚孔

郑和宝船

138 米

海上沉船中保存最完整的远洋贸易商船——南海一号

"大家好，我是南海一号，是迄今为止世界上发现的海上沉船中年代最早、船体最大、保存最完整的远洋贸易商船，下面是我的复原模型。"

"如果你想看到我现在的真实样貌，可以到广东海上丝绸之路博物馆看看！"

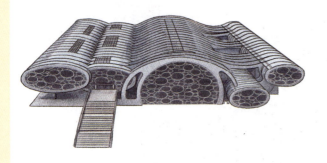

"因为我是一艘远洋贸易商船，所以人们在我的肚子里装满了宝贝！"

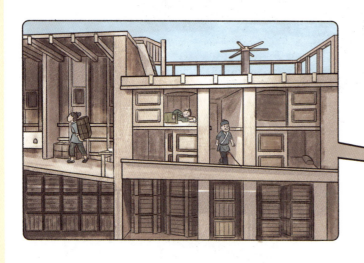

"后来我遇到了风浪，在大海中意外沉没了。等人们发现我的时候，就在我肚子里发现了这些宝贝！"

在"南海一号"中发现的文物超过 18 万件（套）。

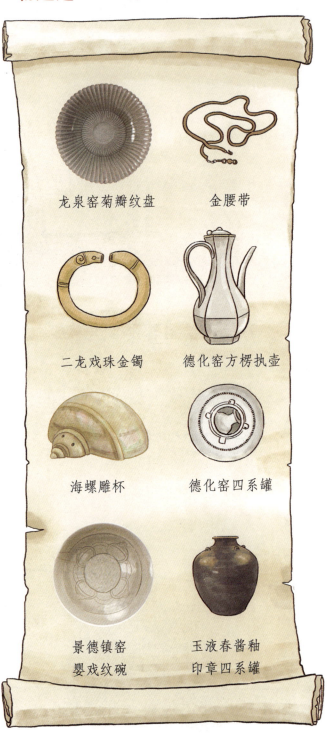

龙泉窑菊瓣纹盘　　金腰带

二龙戏珠金镯　　德化窑方楞执壶

海螺雕杯　　德化窑四系罐

景德镇窑　　玉液春酱釉
婴戏纹碗　　印章四系罐

第一艘蒸汽机明轮船 "黄鹄" 号蒸汽轮船

"大家好，我是中国第一艘蒸汽机明轮船'黄鹄'号，这个名字是曾国藩所赐。"

为什么曾国藩要给这艘轮船赐名呢?

曾国藩曾在自己的日记中表示："外国人能掌握的技术，我们中国人也能掌握。"

原来，这艘轮船所用材料除了"用于主轴、锅炉及汽缸配件之铁"购自外国，其他一切器材，包括螺丝钉、活塞、气压计等，均由徐氏父子亲自监制，并无外国模型及外国人的帮助"。

同治皇帝给"黄鹄"号的设计者徐寿赐了一块金匾，上面写着"天下第一巧匠"。

我国第一艘国产的万吨远洋货轮——"跃进"号货轮

"大家好，我是中国第一艘国产的万吨远洋货运巨轮'跃进'号。"

　　这艘船由苏联设计，大连造船厂建造，从船台铺底到船体建成下水，只用了58天。这艘船使用了当时最新的技术装备，全长169.9米，载货量1.34万吨，排水量为2.21万吨，能在封冻的区域破冰航行，可直接驶抵世界各主要港口。

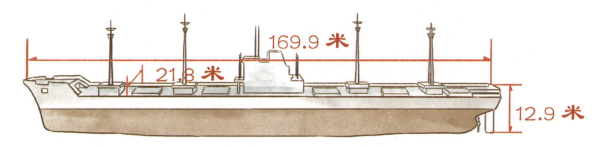

我国自主建造的极地科学考察破冰船——"雪龙2"号极地考察船

大家好，我是"雪龙2"号，全球第一艘采用船首、船尾双向破冰技术的极地科考破冰船。

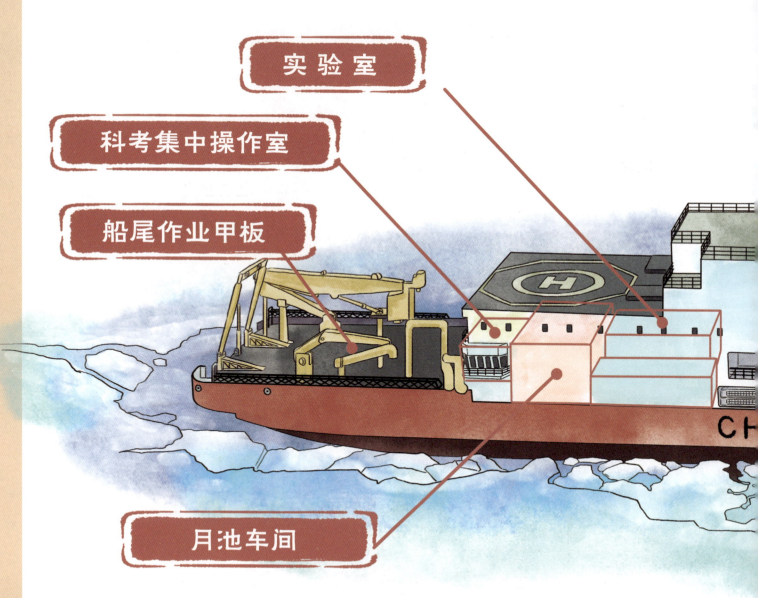

实验室

科考集中操作室

船尾作业甲板

月池车间

什么是船首、船尾双向破冰技术?

一般的破冰船大多由船首向前破冰，一旦遇到较厚的冰脊需要转向时，则容易被冰脊卡住。

"雪龙2"号利用船尾破冰技术可以"啃下这块硬骨头"。双向破冰技术使"雪龙2"号在冰区的操纵性得到极大提高，实现冰区快速掉头、转向。尤其是在南极近岸冰情复杂、水域狭窄的环境中，极大增强了船舶的安全性。同时，这样也使得我国极地考察区域和范围得到了极大拓展和延伸。

另外，"雪龙2"号也是全球第一艘获得智能船舶入级符号的极地科考破冰船。

船首科学桅杆

船底声学设备

雪龍2
XUE LONG 2

RE

我国第一艘自主经营和管理的豪华邮轮——"中华泰山"号

"大家好，我是'中华泰山'号，是我国第一艘自主经营和管理的豪华邮轮。"

"中华泰山"邮轮船长 180.45 米，船宽 25.5 米，总吨位 2.45 万吨，拥有 927 个客位。

海景房

餐厅

2014 年 8 月 16 日，它从烟台起航，航行至韩国首尔、济州岛，从而拉开了烟台邮轮产业的大幕。

原来陆地上有的购物商店、健身馆、咖啡店、餐厅、游泳池……在邮轮上也有，邮轮就像一座移动的城市。

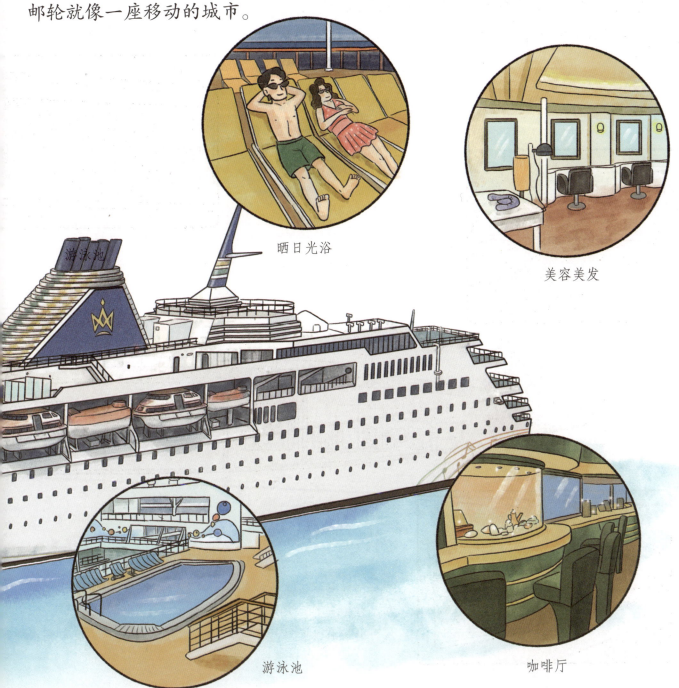

晒日光浴

美容美发

游泳池

咖啡厅

核潜艇是怎么工作的？

核潜艇是一种以核能为动力、在水下作战的舰艇。在水下航行时，核潜艇发出的声音几乎和海浪声融为一体，所以很难被人发现。那么它在海里是怎么工作的呢？让我们一起来看看吧！

①控制室——潜艇的"大脑"
它通常位于核潜艇的中前部。控制室内有许多仪表盘和控制板，艇长在这里下达命令。

②方向舵——控制行驶方向

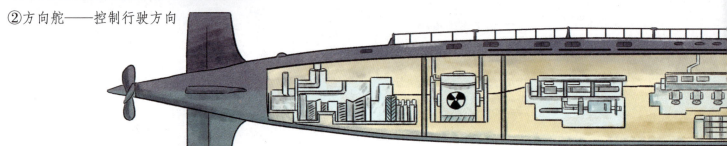

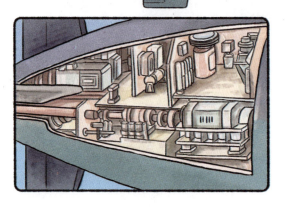

③反应堆舱——提供动力
它是核潜艇的"心脏"，主要安装了核动力装置，从而为核潜艇提供动力和电能。

⑤潜望镜——观察海面情况

它能伸缩到潜艇的指挥舱里，是核潜艇的重要设备。

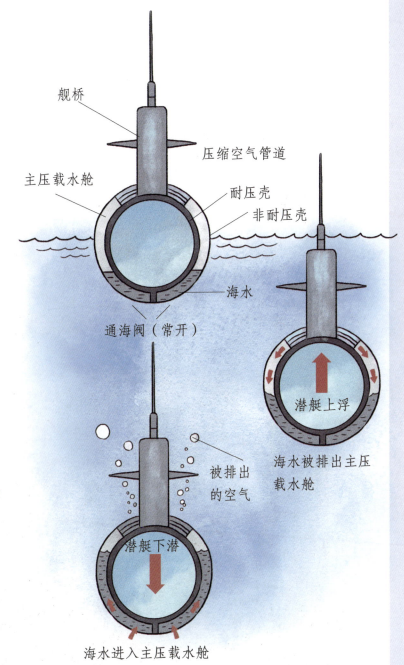

核潜艇是怎么上浮和下沉的？

舰桥

压缩空气管道

主压载水舱

耐压壳

非耐压壳

海水

通海阀（常开）

被排出的空气

潜艇上浮

海水被排出主压载水舱

潜艇下潜

海水进入主压载水舱

④导弹鱼雷发射舱

它负责发射导弹、鱼雷，布设水雷。

深海中的探险家

在古人的认知里，"上九天揽月，下五洋捉鳖"是遥不可及的梦想，远超当时人类的能力极限，但今天的中国人已经帮古人实现了这个梦想。

"九天揽月"是指载人航天技术，目前为止，世界上完全掌握了载人航天技术的国家只有美国，俄罗斯和中国。而"五洋捉鳖"是指潜艇技术和深海潜水器。

什么是深海潜水器？

为了探索海底的奥秘，科学家发明了强大的潜水器。

海底开发和打捞

瞧，这些都是我们国家研发的潜水器！

"大家好，我是'深海勇士'号潜水器。我是中国第二台深海载人潜水器，被取名为'深海勇士'，是希望我能像勇士一样探索深海的奥秘。"

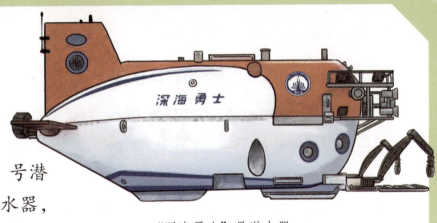

"深海勇士"号潜水器

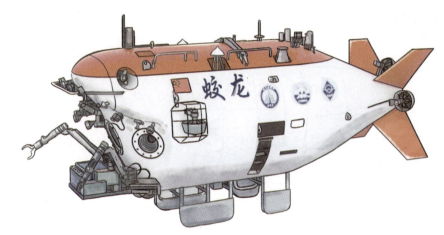

"蛟龙号"号潜水器

"大家好，我是'蛟龙号'号潜水器，是一艘由中国自行设计、自主集成研制的载人潜水器。"

"大家好，我是'奋斗者'号载人潜水器。我采用了安全稳定、动力强劲的能源系统，拥有先进的控制系统和定位系统及耐压的载人球舱。"

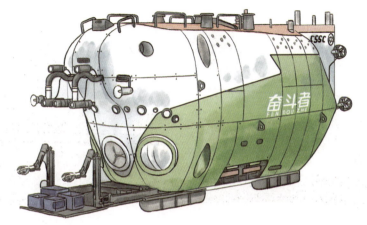

"奋斗者"号潜水器

船舶中的巨无霸——航空母舰

在船舶家族中有一位巨无霸，在它上面可以停放飞机，它还有飞机跑道，甚至每25秒就能完成一次战机起飞。它就是保卫国家海域的重要角色——航空母舰。

你知道吗？世界上仅有14个国家拥有航空母舰（包括直升机航空母舰）。因为它是少数国家拥有的，所以象征着国家实力。

"大家好，我是辽宁号航空母舰"

代　　号：001型航空母舰

舷　　号：16

简　　称：辽宁舰

"我是中国人民解放军海军隶下的一艘可以搭载固定翼飞机的航空母舰，也是中国第一艘服役的航空母舰。"

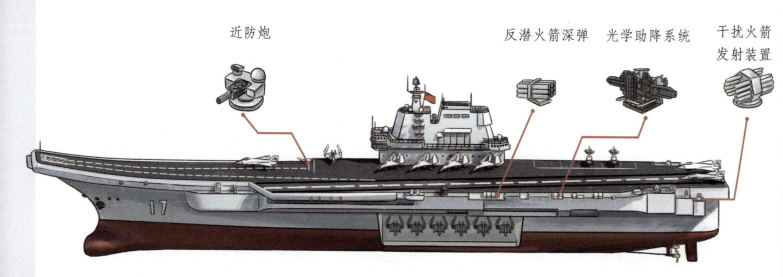

近防炮　　　　　　　　　　　　　　　　　反潜火箭深弹　光学助降系统　干扰火箭发射装置

红色马甲是危险及安全管控的标识。

穿黄色马甲的人员一般负责指挥。

穿蓝马甲的人员负责调运和供气保障。

从古代的龙舟到现代的超级游轮，中国的造船技术一直在不断地发展。如今，中国的造船业已经成为世界上最强大和最先进的产业之一。

中国的造船业对现代交通运输至关重要。中国的巨型船舶能够运送大量的货物和旅客，为国际贸易和旅游业提供了不可或缺的服务。根据统计数据，2022年中国造船业承接的新船订单量占全球份额的54.4%，体现了中国造船业在全球范围内的影响力。

中国造船业的发展对国家安全也产生了深远的影响。中国的航母——"辽宁"号和"山东"号，是中国自主设计和建造的国家战略性重要装备。这些强大的军事船舶能够维护海洋利益和领土安全，从而维护国家稳定。根据统计数据，中国海军拥有的舰艇数量在全球排名第二，仅次于美国。

另外，船只在科学研究和海洋保护中也发挥了重要作用。中国的科学家曾利用船只进行南极科考，通过船只的帮助，他们在南极海域进行了多项重要的科学研究，如测量冰川变化、观察海洋生物和气候变化等。其中，中国南极科考船"雪龙2"号在2019年完成了南极考察任务，为全球气候变化的研究作出了重要贡献。